DE

L'ALPHABET ARMÉNIEN

Par M. J.-B. EMIN

TRADUIT DU RUSSE

Par M. Evariste PRUD'HOMME

PARIS

V^VE BENJAMIN DUPRAT

LIBRAIRE DE L'INSTITUT, DE LA BIBLIOTHÈQUE IMPÉRIALE ET DU SÉNAT,
DES SOCIÉTÉS ASIATIQUES DE PARIS, DE LONDRES, DE MADRAS,
DE CALCUTTA, DE SHANG-HAI ET DE LA SOCIÉTÉ ORIENTALE AMÉRICAINE DE NEW-HAVEN (ÉTATS-UNIS)
DE LA SOCIÉTÉ ORIENTALE DE FRANCE

Rue du Cloître Saint-Benoît (rue Fontanes), 7
Près le Musée de Cluny.

1865

(Extrait de la *Revue d'Orient*.)

DE

L'ALPHABET ARMÉNIEN

I

Au nombre des curieuses manifestations du monde intellectuel appartient incontestablement la découverte des lettres, découverte dont peut avec justice s'enorgueillir l'esprit humain. Aux époques les plus reculées de la vie des peuples qui ont eu quelque existence propre, nous trouvons ce phénomène merveilleux qui dénote la noble aspiration des hommes à éterniser leur mémoire dans les races futures. Mais l'origine de manifestations aussi généreuses que la découverte des lettres chez tous les peuples est enveloppée d'incertitude. De même que toutes les grandes inventions d'une utilité universelle, elle ne porte pas avec elle le nom de l'homme intelligent qui l'a créée, en qui le premier germa le désir d'enchaîner en des caractères ce qui est insaisissable dans l'homme, à savoir sa pensée. Dans l'examen de la question des lettres, nous sommes forcément réduits à ceci : cette invention est-elle l'œuvre d'un seul homme ou d'un peuple entier ? Il paraît que, de même que pour les grandes doctrines religieuses de l'antique Orient, à la période primitive de leur formation, il faut l'attribuer, sinon à un peuple entier, du moins à toute une race d'hommes sentant en eux, à une époque donnée, le besoin de fixer leur pensée, ou de conserver la mémoire des événements remarquables accomplis de leur temps. Les représentations figuratives des Américains, les hiéroglyphes des anciens Égyptiens ne démontrent-ils pas ce besoin absolu et premier de l'homme antique rencontré par nous dans les divers lieux du globe terrestre? Quels furent aussi nommément les personnages qui, chez les peuples mentionnés, inventèrent ces signes? L'histoire ne nous dit rien à ce sujet. Si de ces signes nous passons aux lettres proprement dites, nous ne trouvons non plus dans l'histoire rien de précis touchant leur commencement et leur origine. Les personnages auxquels, chez les anciens, est attribuée l'invention des lettres, n'en sont pas les inventeurs dans le sens propre du mot : ou ils en introduisirent l'usage chez un peuple donné, ou ils perfectionnèrent les signes d'écriture existant déjà chez lui depuis des temps immémoriaux. Tels sont, par exemple, d'un côté l'alphabet phénicien, d'un autre l'alphabet grec, malgré qu'ils soient attribués, le premier à Tautus, le second à Cadmus. Au reste, nous n'avons pas l'intention d'écrire une dissertation sur les lettres en général ; les savants d'Occident ont épuisé cette matière de telle façon qu'il ne nous reste rien à ajouter à ce qui a été dit par eux. Nous avons fait ces observations générales parce qu'elles peuvent s'appliquer également à l'histoire des lettres en Arménie, à l'examen de laquelle nous nous proposons de consacrer ici quelques pages.

II

L'Arménie, malgré sa position géographique et ses relations fréquentes avec les peuples voisins qui ont exercé sur elle, principalement dans les derniers temps de son existence, une puissante et inévitable influence, se montre en réalité à un esprit observateur, comme un pays qui, même dans les siècles les plus reculés, a porté en soi l'empreinte d'une existence propre. L'opiniâtreté vitale que le peuple arménien a conservée jusqu'à ce jour, quoique privé à des époques don-

nées d'indépendance politique, se retrouve également à la période la plus ancienne de son existence. On rencontre difficilement dans l'histoire un peuple qui, avec une position géographique aussi désavantageuse que la sienne, ait pu lutter aussi longtemps contre des empires puissants et voisins sans être complétement absorbé par eux. La religion et la langue des anciens Arméniens, ces deux éléments dans lesquels se reflètent principalement l'âme et les caractères distinctifs d'un peuple, portent bien, il est vrai, en elles les preuves de l'éducation perse et grecque; toutefois, malgré cela, ces deux éléments de la vie intellectuelle des anciens Arméniens durent, à une époque reculée, se distinguer par l'indépendance, comme le démontrent les restes très-anciens qui subsistent jusqu'à ce jour. Au nombre de ces puissants éléments on peut ranger aussi les lettres par lesquelles les peuples s'efforcent d'imprimer leur pensée et, s'il est permis de s'exprimer ainsi, leur forme, en la séparant par elles de la pensée des autres peuples. La langue, dans laquelle se conserve intacte la personnalité d'un peuple avec tous ses traits infinis et insaisissables, échappe à la mort même avec l'aide des lettres. Nous rencontrons les mêmes éléments chez les anciens Arméniens. Au moment le plus critique de la vie politique de l'Arménie, c'est-à-dire, au ve siècle de l'ère chrétienne, le plus noble de ses fils entreprend de sauver et de conserver sa nationalité par la création d'un alphabet populaire. Cette grande conception du génie de Mesrop[1] fut cou-

[1] Mesrop, du village de Hatsécats, dans le district de Tarôn, naquit en 361, et mourut en 441, le 13 de méhécan. On appelait son père du nom de Vardan. A en juger par ce nom, porté principalement par les membres de la famille de Mamicon, et celui du lieu de sa naissance, il est permis de supposer que Mesrop descendait lui-même de cette famille. Il reçut une éducation achevée sous la direction de saint Nersès. Il fut secrétaire à la cour d'Aschac III. Sous le règne de Khosrov, il abandonna ces fonctions et se consacra à la vie religieuse. Dans le monastère, il s'occupa exclusivement de l'étude de l'Écriture sainte et des ouvrages des Pères de l'Église; en suite de quoi il apparaît comme prédicateur de la doctrine chrétienne dans les provinces de Goghthn, de Siounik, dans l'Ibérie et l'Aghouanie.

ronnée de succès ; car, si les Arméniens, au moment où nous parlons, prolongent leur existence dans la grande famille humaine, c'est à leur illustre et immortel compatriote qu'ils en sont redevables. Parlons un peu en détail de ce curieux phénomène.

III

Avant d'entrer dans l'examen de cette question, nous montrerons d'abord quelles furent les diverses sortes de caractères usités en Arménie, en suivant l'ordre dans lequel ils apparaissent dans l'histoire de la littérature arménienne. Les *signes* — *Նշանք*, *Նշանագիրք* — occupent la première place ; vient ensuite l'écriture proprement dite — *գիր* — dans la formation de laquelle nous rencontrons deux périodes ; dans la première, encore incomplète, elle est désignée par le nom de *daniélienne ;* dans la seconde, complétée et perfectionnée, elle est connue sous le nom de *mesropienne.* Nous indiquerons aussi en passant les autres caractères employés dans l'Arménie dans l'intervalle de temps compris entre la période des *signes* et la découverte, ou, pour nous exprimer plus correctement, le perfectionnement des lettres, à savoir : les caractères *perses* ou *zends*, ensuite les caractères *syriaques*, et enfin les caractères *grecs.* Nous dirons quelques mots de chacun d'eux.

IV

Signes usités dans l'ancienne Arménie avant l'invention des lettres.

Les anciens écrivains arméniens ne disent rien de l'existence de ces signes, pas même ceux d'entre eux qui racontent la découverte, ou, pour parler exactement, le rétablissement de l'alphabet arménien, tels que Corioun, Moyse de Khorni,

Lazare de Pharp et autres. Par leur silence obstiné, nous expliquons la haute antiquité des *signes* qui, parce qu'ils étaient une invention de siècles païens, ne durent pas attirer l'attention des zélés maîtres chrétiens de l'Église arménienne du ve siècle. Au reste, comme nous le verrons plus bas, Corioun lui-même, dans sa Biographie de saint Mesrop, lorsqu'il arrive à l'histoire des lettres arméniennes, s'abandonnant à un torrent impétueux de phrases de rhétorique, oublie complétement tous les curieux détails du grand phénomène dont il avait été le témoin oculaire. Par les quelques vingt lignes que Vardan, historien du XIIIe siècle, consacre à l'histoire des lettres arméniennes, nous nous formerons à leur sujet une idée plus claire que par l'œuvre entière de Corioun. Nous voulons dire que l'on ne doit pas s'étonner, si, chez les écrivains arméniens des ve et VIe siècles, nous ne trouvons aucun renseignement sur les signes dont il est question ici. Cependant nous rencontrons chez un vieil écrivain arménien deux passages dans lesquels l'auteur fait involontairement allusion à l'existence de semblables signes ; c'est-à-dire chez Agathange, historien qui vivait au commencement du IVe siècle. Après avoir décrit les souffrances et les tortures de saint Grégoire, l'auteur ajoute : « Les secrétaires du roi Trdat enregistrèrent avec des *signes*, նշանագրօք, tout ce qui avait été dit par le saint homme [1]. » Dans un autre endroit, parlant de sainte Hrhiphsime à qui le roi d'Arménie Trdat demande sa main, et de qui il reçoit un refus, le même écrivain ajoute : « Ils arrivèrent là avec des *signes d'écriture* նշանագրօք, et, après avoir enregistré toutes les paroles (prononcées par la sainte fille), ils les lurent devant le roi [2]. » Dans ce dernier cas, si nous faisons attention aux circonstances dans lesquelles ces *signes* furent employés, circonstances qui durent exiger de la vitesse et de la rapidité dans l'écriture, et si nous considérons qu'avec les caractères alphabétiques ordinaires, il n'eût pas été

[1] *Histoire d'Agathange*, édition de Venise, p. 85.
[2] *Idem*, p. 436.

possible, particulièrement à cette époque, d'enregistrer avec exactitude chacune des paroles de celui qui parlait ; peut-être ne commettrons-nous pas une erreur en admettant que les signes mentionnés par Agathange étaient une sorte de caractères cunéiformes, ou, s'il est permis de s'exprimer ainsi, hiéroglyphiques.

A l'exception des deux passages cités plus haut, nous n'avons rencontré nulle part chez les écrivains arméniens aucune autre allusion à l'existence de ces signes. Cependant nous trouvons une preuve d'un autre genre, non moins importante que celle déjà mentionnée, dans l'emploi de quelques signes semblables dans les anciens manuscrits arméniens. D'après ce qui est connu de ces derniers, il est vraisemblable qu'il n'était pas rare de rencontrer les signes suivants : ℘ signifiant *comme ;* ✕ signifiant *étoile*, etc. Ce ne sont pas autre chose que des restes des signes qui vraisemblablement étaient usités en Arménie dans les temps les plus reculés. Si nous poussons plus loin notre supposition, de nos jours mêmes nous trouvons dans les livres arméniens des débris de semblables signes employés jusqu'à présent dans les livres imprimés aussi bien que dans l'écriture. Aujourd'hui encore les Arméniens écrivent le mot *monde* par le signe ⊛, lequel est, sans doute, le reste le plus ancien que nous rencontrions maintenant dans les collections de signes de même genre offerts par les vieux manuscrits.

Il demeure ainsi démontré d'abord qu'il existait dans l'Arménie païenne des signes particuliers pour l'écriture, ensuite que ces signes étaient proprement d'origine arménienne et non empruntés à des peuples étrangers. A ce propos, il faut remarquer que chez les peuples voisins de l'Arménie nous ne trouvons rien de semblable. Ni les Chinois, que nous rencontrons dans ce pays au commencement du IVe siècle, ni les émigrés indiens (sorte de colonie sacerdotale), que nous voyons dans le district de Tarôn cent cinquante ans avant J.-C., ni les Perses, ni les Syriens, ni les Grecs n'offrent rien de pareil à cela ; de là nous concluons que chez les anciens arméniens, jusqu'à l'invention des lettres, fut usitée une sorte de signes cunéiformes, hiéroglyphiques dont le lecteur trouvera les figures à la fin de ce Mémoire.

Passons aux signes alphabétiques.

V

Caractères daniéliens.

L'alphabet employé jusqu'à ce jour par les Arméniens est connu chez ce peuple, de même que chez les savants d'Occident sous le nom d'*alphabet de Mesrop* à qui l'invention en est attribuée unanimement par les savants arméniens. Les savants et tous les écrivains marquants de cette nation qui ont vécu à l'époque de la découverte de l'alphabet arménien, tels que Corioun, Moyse de Khorni, Lazare de Pharp, de même que les écrivains postérieurs, historiens et chroniqueurs, regardent saint Mesrop comme l'auteur de l'alphabet arménien. Cette opinion, la seule régnante et communément admise, a été suivie par les savants européens qui se sont consacrés à l'étude de la littérature arménienne : Saint-Martin, Newman et autres ne pensent pas autrement sur cette intéressante question littéraire. Parmi les savants arméniens modernes, seul le père Indjidj, dans ses « Antiquités arméniennes, » avec la sagacité qui lui est propre, exprime un avis un peu différent sur cette matière. Mais, ainsi que le prouve évidemment tout ce qu'il a écrit sur ce sujet, il n'a pas voulu se donner la peine d'éclaircir cette obscure question. Avec une étude attentive des sources relatives à l'origine des lettres arméniennes, aidée de quelques rapprochements, il sera possible de jeter un nouveau jour sur cette portion de l'histoire de la littérature arménienne.

Corioun, disciple de saint Mesrop, qui vivait au commencement du ve siècle, a écrit une biographie de son maître dans laquelle, parlant de l'invention de l'alphabet arménien par le saint homme, il laisse tomber en passant quelques mots qui méritent de fixer notre attention. Voici ses paroles : « Saints Sahac et Mesrop, après avoir approfondi la chose comme elle méritait, acquirent la conviction que les lettres de Daniel ne peuvent représenter complétement les *syllabes* et les *liaisons* de la langue arménienne ; à cela il faut ajouter que ces lettres *avaient été oubliées et qu'elles avaient été trouvées par hasard.* [1] » Il est évident qu'avant l'invention par saint Mesrop des lettres de l'alphabet arménien, il existait dans l'Arménie païenne un alphabet qui y était en usage depuis des temps immémoriaux. Cet alphabet forma la transition de la période des *signes* à celle de l'*alphabet mesropien* complet, et servait à représenter les idées des Arméniens païens, longtemps avant l'introduction chez ce peuple de l'emploi des lettres syriennes, perses et grecques, dont l'apparition sur le sol de l'Arménie supplanta l'ancien alphabet par suite de causes vraisemblablement purement politiques. Cet alphabet, par une erreur étrange de tous les écrivains arméniens anciens, est appelé *daniélien.* S'appuyant sur ce fondement, les écrivains postérieurs ne lui donnent pas d'autre nom. Cependant, comme nous voyons par les expressions de Corioun que cet alphabet n'a pas été inventé par Daniel, mais « qu'il existait *auparavant* et qu'il avait été trouvé *par hasard* », le désigner par un nom est chose impossible. Corioun éclaircit encore davantage la question en disant que ces lettres trouvées fortuitement « étaient les lettres de l'alphabet de la langue arménienne [2]. » Moyse de Khorni, parlant de cet alphabet dans son Histoire[3], le caractérise par les expressions « signes alphabétiques inventés *anciennement.* » Lazare de Pharp mentionne également l'antiquité de l'existence de cet alphabet, en citant les paroles adressées à des arméniens par le roi Vrham-Schapouh : « J'ai vu les lettres

[1] Corioun, *Biographie de saint Mesrop.*
[2] *Id. ibid.*
[3] Livre III, c. LII.

arméniennes chez un évêque, dans un village[1], » avant l'invention de Mesrop. Dans un autre endroit : « Saint Maschthots (Mesrop), voyant à quelles difficultés était assujettie l'éducation de la jeunesse arménienne qui, à cette époque, était obligée d'aller, loin de sa patrie, chercher l'instruction dans les écoles et dans la langue syriaques, ne s'affligeait pas peu, principalement quand il s'arrêtait à cette pensée : *il existe des signes de la langue arménienne*[2], à l'aide desquels on peut représenter ses pensées sans avoir recours à l'emprunt de lettres étrangères[3]. » Enfin, dans un troisième passage, le même historien cite par son nom l'évêque mentionné : « Chez un pieux personnage, l'évêque Daniel, *étaient* les signes arméniens[4]. »

Telles sont les paroles des disciples et des contemporains de saint Mesrop : en parlant de l'invention mesropienne, ils mentionnent d'une manière assez superficielle l'alphabet dit de Daniel. Malgré la pauvreté de ces données, nous en pouvons néanmoins conclure qu'à une époque païenne très-ancienne, les arméniens possédaient réellement un alphabet propre. Des écrivains postérieurs, jouissant chez les Arméniens d'une très-grande considération, tels que Jean Catholicos[5], Étienne Açoghic[6], Samuel d'Ani[7], Cyracos de Gan-

[1] *Histoire de Lazare de Pharp*, Venise, 1793, p. 27.

[2] *Loc laud.*

[3] *Loc. laud.*

[4] *Loc. laud.*

[5] *Histoire d'Arménie*, édition de Moscou, p. 32.

[6] Ce fut saint Mesrop qui, le premier, inventa et enseigna l'art d'écrire et de lire avec des caractères arméniens..... Théodose le Jeune..... Sous son règne vivait le saint patriarche d'Arménie Sahac, du vivant de qui l'alphabet arménien, de vingt-neuf lettres, fut composé par le philosophe syrien Daniel. Quant aux sept lettres manquant, le bienheureux Mesrop de Tarôn les obtint de Dieu par ses prières. — *Apud* Tchamitch, *Histoire d'Arménie*, t. I, p. 756.

[7] 421. Maschthots, qui est le même que le bienheureux Mesrop, et le grand Sahac, perfectionnèrent, avec leurs collègues, les formes des lettres de Daniel, et, un an après, ils en firent autant des lettres octroyées par Dieu, et traduisirent fidèlement (avec ces lettres) les Livres saints. — Samuel d'Ani, manuscrit de notre bibliothèque.

tzac[1], Vardan et autres, narrateurs indifférents des choses du passé, jettent une lumière suffisamment satisfaisante sur ce très-ancien alphabet. Au nombre des données fournies par ces écrivains, celle tirée de Vardan occupe incontestablement la première place. Citons ici, en l'empruntant à son histoire, ce document sur lequel nous appuyons de préférence notre opinion relativement à l'existence d'un alphabet arménien très-ancien. — « Dans la cinquième année du règne de Vrham Schapouh, et la première d'Artaschir, fils de Schapouh, saint Mesrop met en ordre l'alphabet arménien; *vingt-deux* lettres des temps reculés furent trouvées chez l'évêque Daniel, lesquelles ne suffisant pas à représenter la richesse de notre langue, avaient été abandonnées par les anciens qui commencèrent dès lors à se contenter des caractères grecs, syriaques et perses. Il n'était pas possible à Mesrop de traduire à l'aide de ces caractères les Livres saints dans la langue arménienne. C'est pourquoi s'étant donné à la prière, il reçoit *quatorze* lettres de Dieu qui les trace de sa propre main devant lui, sur le mont Balou, comme il arriva au grand Moyse sur le mont Sinaï.... L'existence de lettres arméniennes (reste) d'une époque reculée, fut confirmée au temps du roi Léon : il fut trouvé une monnaie avec caractères arméniens représentant le nom de rois païens de la dynastie de Hayc. Mesrop compléta ce qui manquait (à ces anciens caractères) avec la coopération de la grâce divine[2]. »

Nous trouvons dans ce passage une nouvelle preuve de l'ancienneté de l'alphabet et de son existence en Arménie avant Mesrop. Outre ce que le docte Vardan, en fixant le nombre des lettres de l'alphabet daniélien, dit de son an-

[1] Ils communiquèrent leur projet au roi Vrham Schapouh, qui leur dit: « Pendant que j'étais en Syrie, un évêque syrien, nommé Daniel, me dit: Je possède les lettres de la langue arménienne. — J'abandonnai la chose pour le moment..... Mais, en y regardant, ils virent que (les caractères de Daniel) ne suffisaient pas pour rendre complétement les syllabes, les liaisons et les mots. » — Cyracos de Gantzac, manuscrit de notre bibliothèque.

[2] *Histoire de Vardan*, manuscrit de notre bibliothèque.

cienneté, une preuve d'une très-haute importance est le fait qu'il cite à l'appui de son opinion, à savoir : la découverte, sous le règne de Léon (en Cilicie), d'une monnaie avec légende en caractères arméniens, portant le nom de rois païens de la dynastie de Hayc. Si, dans la phrase « *անուն կռապաշտ թագաւորաց Հայկազանց,* » « *le nom de rois païens de la dynastie de Hayc,* » nous entendons par le mot *Հայկազանց* non « *de la dynastie de Hayc,* » comme nous l'avons traduit, mais simplement « *rois arméniens,* » alors l'épithète « *païens* » nous conduit à cette conclusion que l'alphabet arménien existait longtemps avant le ve siècle. De plus, si la légende de la monnaie en question était écrite en lettres arméniennes, et si, au temps du roi Léon, on put lire cette légende et y trouver « le nom de rois païens arméniens » il va de soi que la forme de ces anciennes lettres devait être parfaitement identique à celle des lettres de l'alphabet dit mesropien, c'est-à-dire de l'alphabet en usage aujourd'hui chez les Arméniens.

Les paroles du docte Vardan, qui nous ont fourni ces précieux renseignements sur l'alphabet arménien ancien, trouvent leur confirmation dans un autre remarquable monument qui se rencontre parfois dans de vieux manuscrits arméniens. Nous voulons parler d'un document peu considérable consistant en dix ou douze lignes, attribué à David le Philosophe, auteur du ve siècle, dans lequel l'auteur représente une lettre allégorique qui, étant personnifiée, énumère toutes ses qualités. Au nombre de ces qualités, la lettre cite les suivantes : « primitivement elle avait *deux fois douze* années, mais maintenant elle en a *trois fois douze*[1]. » Ainsi donc l'opinion de Vardan, relativement à la haute antiquité de l'alphabet

[1] Nous donnons ici en entier ce petit document :

« La main du Tout-Puissant m'a créée, et le Très-Haut m'a conduite de hauteur en hauteur.

« Mon âge était de deux fois douze années ; j'en ai maintenant trois fois douze.

« Je me tiens à l'orient et je parle à l'occident; je fais entendre ma voix

arménien, est fondée sur une tradition ancienne qui n'a jamais cessé d'exister chez les Arméniens. La lettre personnifiée dit d'elle-même qu'elle se composait primitivement de 24 lettres, mais que dans la suite elle s'accrut jusqu'à 36. Ces 24 lettres (22 suivant Vardan) sont vraisemblablement celles qui composaient l'alphabet nommé danïélien. La différence qui se rencontre ici dans le nombre des lettres de l'alphabet est sans importance ; nous essayerons de le montrer plus bas. Disons aussi qu'outre ce document, nous trouvons dans Açoghic, historien du xe siècle, ce qui suit : « Sous le règne de Théodose le Jeune vivait le saint patriarche arménien Sahac, sous lequel le philosophe (?) syrien Daniel mit en ordre l'alphabet arménien qui se composait de 29 lettres ; le bienheureux Mesrop de Tarôn reçoit de Dieu par ses prières les sept lettres manquant. » L'important pour nous ici n'est pas tant le nombre des lettres de l'alphabet daniélien que la distinction établie par Açoghic entre l'alphabet en question et les sept lettres inventées par Mesrop. Cette circonstance, jointe à celles expliquées plus haut, nous conduit à la conséquence déjà exprimée par nous, à savoir, que l'opinion de Vardan sur l'existence d'un alphabet très-ancien chez les Arméniens possède pour elle un très-haut degré de vraisemblance, et n'est pas entièrement dénuée de fondement, comme le pense témérairement le P. Tchamitch [1].

L'alphabet dit daniélien, mais, suivant nous, arménien ancien, se composait d'après Vardan de 22 lettres, d'après Açoghic de 29, d'après le document allégorique, de 24. On demande : de combien de lettres se composait cet ancien

du septentrion et du midi ; je donne de la voix aux êtres inanimés et je parle dans les morts.

« Mon nom se compose de trois lettres : la première est la troisième des unités ; la seconde, une des cinq ; et la troisième, la cinquième des mille.

« Je nais de l'eau et meurs par elle.

« Je redoute le feu ; mais, assise dans la pierre, je les méprise.

« Si tu peux, essaye ; sinon, retire-toi. » — David le Philosophe, manuscrit de notre bibliothèque.

[1] *Histoire d'Arménie*, t. I, p. 755-765.

alphabet? quelles étaient ces 22 ou 24 lettres indiquées obscurément d'un côté par Vardan, et de l'autre par le document allégorique?

VI

Nous avons démontré l'existence d'un alphabet arménien ancien. Il reste à déterminer de combien de lettres il se composait et par suite de quelle imperfection particulière il fut mis hors d'usage et livré à l'oubli. Tous les écrivains arméniens du ve siècle affirment à l'unanimité « que l'alphabet provenant des temps anciens, après une épreuve de deux ans, lors de son rétablissement au temps du patriarcat de saint Sahac, fut déclaré insuffisant parce que, avec les lettres qu'il contenait, il n'était pas possible de reproduire complétement et avec exactitude tous les sons de la langue arménienne. » Un autre défaut de cet alphabet consistait en ce qu'il ne fournissait aucun moyen de représenter les syllabes ou les sons de la langue. Ainsi s'expriment Corioun[1], Moyse de Khorni[2], Lazare de Pharp[3] et autres écrivains postérieurs. Il est clair que dans l'ancien alphabet le nombre des consonnes était limité au point qu'il n'était pas possible, avec leur secours, de représenter tous les sons de la langue arménienne; de plus que dans l'alphabet en question, il manquait pareillement de voyelles pour relier entre elles les consonnes ou sons formant le caractère particulier de cette langue. Il serait difficile, sans l'aide de Vardan, de préciser quelles lettres manquaient à l'ancien alphabet; nous parlons, bien entendu, des consonnes; car Moyse de Khorni, en racontant les efforts de saint Mesrop, montre, quoique sans s'en rendre compte, les voyelles de la langue arménienne inventées par son maître[4] Mais

[1] *Biographie de saint Mesrop*, p. 9.
[2] *Histoire d'Arménie*, l. III, c. LII.
[3] *Histoire*, p. 28.
[4] *Histoire d'Arménie*, l. III, c. LIII.

Vardan, en fixant le nombre des lettres de l'ancien alphabet, nous donne par cela même la possibilité de déterminer quelles étaient nommément ces lettres. En examinant attentivement l'alphabet arménien actuel, nous y trouvons effectivement des lettres qui représentent des sons propres à la langue arménienne. Ces lettres sont, suivant nous : թ, ձ, ղ, ջ, ր, փ, ք. Ces consonnes, comme nos lecteurs peuvent le voir, sont au nombre de sept. Si nous y ajoutons les voyelles également au nombre de sept : ա, ե, է, ը, ի, ո, ւ, nous avons une somme totale de quatorze lettres. Retranchant ces quatorze lettres des trente-six qui forment le nombre de celles de l'alphabet dit mesropien, aujourd'hui en usage chez les Arméniens, nous obtenons les vingt-deux lettres qui devaient composer l'alphabet arménien ancien, savoir : բ, գ, դ, զ, ժ, լ, խ, ծ, կ, հ, ճ, մ, յ, ն, շ, չ, պ, ռ, ս, վ, տ, ց, = 22.

Montrons maintenant les raisons qui nous ont conduit à penser ainsi et non autrement.

En examinant l'état actuel de l'alphabet arménien, nous observons certains groupes de lettres qui, sans aucun doute, ne pouvaient avoir le degré de perfection qu'ils offrent aujourd'hui. Ces groupes sont :

1. բ, պ, փ.
2. գ, կ, ք.
3. դ, տ, թ.
4. ծ, ց, ձ.
5. խ, ղ.
6. չ, ջ, ճ.
7. ռ, ր

Dans chacun de ces groupes nous trouvons telle lettre qui, en effet, a dû être le produit d'une époque postérieure de formation, c'est-à-dire du ve siècle, alors que vivaient les grands représentants de l'éducation du peuple arménien. Car ce n'est qu'à une pareille époque, et avec la coopération d'hommes munis de vastes connaissances, tels que Sahac et Mesrop, qu'il était possible d'entreprendre une semblable analyse de la voix humaine en général et des sons de la langue d'un peuple en particulier. Ainsi par exemple :

Dans le premier groupe, l'invention du փ appartient sans aucun doute à saint Mesrop, les deux premières lettres existant vraisemblablement déjà auparavant ; car բ et պ représentent des sons simples, tandis que փ (պհ — p'h) est un son composé représentant une certaine nuance de la voix qu'un homme d'une époque de culture peut seul désirer de fixer.

Dans le deuxième groupe composé également de trois lettres, les deux premières, գ et կ, représentant des sons simples, devaient exister dans l'ancien alphabet, tandis que ք (կհ — k'h), lettre composée représentant une certaine nuance de son, fut inventée vraisemblablement dans le ve siècle.

Dans le troisième groupe nous rencontrons également trois lettres desquelles դ et տ existaient dans l'ancien alphabet pour les mêmes motifs ; թ (տհ — t'h) sans aucun doute a été inventé par saint Mesrop.

Dans le quatrième groupe nous voyons également trois lettres ; de celles-ci ծ et ց vraisemblablement existaient dans l'ancien alphabet, tandis que ձ (ցհ — dz'h), pour les raisons déjà énoncées, est une invention du ve siècle.

Le cinquième groupe se compose de deux lettres desquelles խ devait se trouver dans l'ancien alphabet comme son guttural simple, tandis que ղ est une invention postérieure, comme représentation d'une nuance délicate de ce même son guttural.

Dans le sixième groupe nous trouvons trois lettres. A notre avis, de ces trois lettres չ et ճ devaient exister dans l'ancien alphabet ; mais la lettre ջ, comme représentant une certaine nuance d'un son de la langue arménienne, est une invention de saint Mesrop.

Enfin le septième groupe nous présente deux lettres desquelles ր appartient vraisemblablement à l'ancien alphabet, mais ռ, comme nuance d'un son particulier à la langue arménienne, a été inventé sans aucun doute par saint Mesrop.

Si notre supposition est vraie, saint Mesrop, pour compléter l'ancien alphabet, inventa les consonnes suivantes : փ, բ, ձ, ղ, չ, ր, en tout *sept*.

Ce sont ces lettres dont le défaut, suivant les expressions de Corioun, de Moyse de Khorni et de Lazare de Pharp, faisait obstacle « à la formation complète des syllabes. »

Outre ces *sept* lettres, saint Mesrop inventa encore toutes les *voyelles*, lesquelles manquaient dans l'alphabet arménien ancien, suivant le témoignage de ces écrivains qui tous affirment que cet alphabet n'était pas en état de représenter les *sons* de la langue arménienne, c'est-à-dire qu'il n'y existait pas de *voyelles*. Ces voyelles sont : ա, ե, է, ը, ի, ո, ւ, en tout *sept*.

De cette manière, les paroles de Vardan citées plus haut prennent une signification très-importante. Avec leur aide, nous arrivons à ce résultat que l'alphabet arménien ancien se composait réellement de 22 lettres ; qu'il lui manquait sept consonnes et sept voyelles lesquelles furent créées par saint Mesrop et fournirent aux Arméniens le moyen d'exprimer avec des lettres propres toutes les nuances possibles des sons de leur langue. Service considérable, en vérité, qui suffirait à lui seul pour éterniser la mémoire du saint homme dans la postérité reconnaissante, quand même Mesrop ne serait pas déjà immortalisé par la prédication de la parole de vie dans plusieurs provinces de l'Arménie dans lesquelles l'ancien enseignement païen n'avait pas encore cessé de dominer ; quand même il n'aurait pas enrichi l'Eglise arménienne d'institutions utiles ; quand même enfin, en collaboration de saint Sahac et de leurs disciples, il n'aurait pas donné à sa nation la traduction des Livres saints.

Mais ici se présente involontairement à nous cette question : pourquoi les historiens arméniens, ceux en particulier contemporains de Mesrop, attribuent-ils exclusivement à ce dernier l'invention des lettres et ont-ils laissé dans l'oubli l'homme éminent et immortel qui le premier, dans des temps très-éloignés, eut l'idée et le génie de créer pour ses compatriotes un alphabet de 22 lettres? L'histoire elle-même nous fournit le moyen d'y répondre, car elle offre plus d'une fois l'exemple de ce fait que souvent la gloire a rejailli non sur le premier auteur, mais sur l'homme heureux qui, marchant sur ses traces, a présenté sous un jour nouveau l'idée ingénieuse de son prédécesseur en la modifiant légèrement. Les disciples de saint Mesrop, frappés des grands avantages du puissant instrument que leur maître venait de ressusciter ou plutôt d'animer d'une vie nouvelle, oublièrent le premier et noble créateur des lettres arméniennes et reportèrent la gloire de leur invention à celui qui avait été pour eux un ami, un tuteur, un bienfaiteur et un second père, c'est-à-dire à saint Mesrop à qui est restée cette gloire, revêtue de sainteté. La coopération de la grâce divine que nous observons dans le rétablissement et dans le perfectionnement des lettres arméniennes, nous la trouvons également dans la création des lettres chez beaucoup de peuples; car chez eux aussi ce grand phénomène ne s'accomplit pas sans intervention de la Divinité. Du reste la même chose dut arriver pareillement pour ceux qui furent les premiers témoins de cette merveilleuse invention, dont les effets et les résultats durent frapper tellement leur esprit qu'ils y virent involontairement la présence de la Divinité. Mais revenons à notre sujet.

Il reste à dire quelques mots de l'opinion d'Étienne Açoghic et de l'auteur anonyme du document allégorique mentionné plus haut. A notre avis, ce qu'il y a d'important dans leur manière de voir, c'est que l'alphabet arménien y est présenté comme s'étant formé à deux périodes distinctes. Dans la première, incomplet, défectueux, il fut abandonné; dans la seconde, Mesrop compléta ce qui lui manquait, le perfectionna et le remit en usage. C'est pourquoi les expressions d'Açoghic ne supportent pas la critique. Sans calcul et contrairement à l'opinion généralement reçue, il attribue la création de l'alphabet arménien à un certain philosophe Daniel et, qui plus est, à un syrien, et le reste, c'est-à-dire *sept* lettres, à saint Mesrop.

Ainsi l'ancien alphabet arménien trouvé chez l'évêque syrien Daniel, sous le règne de Vrham Schapouh, et composé de 22 lettres, oublié par les anciens Arméniens à cause de son imperfection, fut remis sur pied par saint Mesrop qui le compléta par l'addition de *sept* consonnes et de *sept* voyelles, et en fit par là un instrument parfait pour ses compatriotes. Avec l'aide de cet alphabet perfectionné, les Arméniens entreprirent la traduction des Livres saints dans la langue maternelle ; ils commencèrent à avoir un instrument pour exprimer leur propres idées, pour esquisser leur histoire : en un mot, avec son aide, ils préservèrent leur nationalité du danger dont les menaçaient le magisme et les puissantes nationalités voisines.

Toutefois il ne faut pas croire que l'usage de cette langue se répandit rapidement dans toutes les contrées de l'Arménie. Malgré le zèle de ceux qui aimaient et estimaient la langue arménienne, et leurs efforts pour établir par toute l'Arménie des écoles pour l'éducation de la jeunesse dans la langue maternelle, elle fut repoussée pendant longtemps en beaucoup d'endroits. La preuve de ce fait nous est fournie par Jean de Mamicon, évêque (VIIe siècle), à qui nous sommes redevables d'une histoire du district de Tarôn. Il raconte dans sa chronique que le couvent de Glac ou de saint Jean le Précurseur, fondé par saint Grégoire au commencement du IVe siècle, depuis Zénob, premier supérieur de ce monastère, jusqu'à Basile inclusivement, c'est-à-dire jusqu'à l'an 600, fut gouverné par des abbés syriens ; que jusqu'à l'an 600 le service divin s'y célébra dans la langue syriaque dont les lettres étaient en usage, et que ce fut seulement au commencement du VIIe siècle, lors de l'avénement au gouvernement de ce couvent de Thotic, premier supérieur arménien et favori de Mouschegh, seigneur de Mamicon, que cessa l'emploi des lettres syriaques, et que fut établi l'usage de célébrer l'office en langue arménienne[1]. Ainsi donc, deux cents ans environ

[1] Jean de Mamicon, évêque, *Histoire de Tarôn*, Venise, 1832, p. 59.

après le perfectionnement de l'alphabet arménien par saint Mesrop, il n'était pas encore adopté dans le district de Tarôn, et la culture syriaque s'opposa très-vraisemblablement à ce que l'usage s'en répandît partout. De ce fait nous sommes en droit de conclure à la possibilité de l'existence de faits pareils dans d'autres provinces de l'Arménie. Malgré cela, cet alphabet, comme instrument de l'expression des idées populaires, finit par pénétrer dans tous les coins de l'Arménie; et, à partir de ce moment, il n'a pas cessé d'être en usage parmi les Arméniens dispersés sur la surface entière du globe.

Tous ceux qui s'occupent de littérature arménienne savent que, jusqu'au rétablissement ou au perfectionnement de l'ancien alphabet, on se servit en Arménie des caractères syriaques, perses et grecs. Cette question ayant été traitée d'une manière satisfaisante par d'autres savants d'après les anciens historiens arméniens, nous avons jugé tout à fait inutile de nous y arrêter.

Il nous reste à dire quelques mots de l'opinion adoptée par tous les orientalistes européens, que l'alphabet arménien a été formé sur le modèle de l'alphabet zend, et, suivant d'autres, sur celui de l'alphabet grec [1]. Jusqu'à ce jour, tant qu'il n'existait pas une opinion démontrée par des faits historiques relativement à l'antiquité de l'alphabet arménien, on pouvait admettre que les lettres arméniennes avaient été formées peut-être sur le modèle des lettres zendes. Mais, après ce que nous avons essayé de prouver dans cet article, il est difficile, pour nous du moins, d'adopter une pareille manière

[1] Saint-Martin, dans l'*Histoire du Bas-Empire*, t. V, p. 323, note 1, où il est dit : « Il est facile de reconnaître, à la première vue (?), que plusieurs des lettres arméniennes présentent une grande ressemblance avec les lettres zendes et pehlvies (ressemblance bien difficile, selon nous, à reconnaître), et avec celles qu'on voit sur les anciens monuments de la Syrie et de la Perse, du temps des Sassanides. » Et encore : « Tout ce qu'on sait de cet alphabet, c'est que les lettres avaient des formes grecques. » — Il s'agit de l'alphabet de Daniel dont les lettres auraient eu la forme des lettres grecques; mais sur quoi est fondée cette opinion de Saint-Martin? Nous ne le comprenons pas du tout.

de voir. Premièrement, les formes des [illegible] n'ont rien de commun avec celles des lettres zendes [illegible] comparer ces deux alphabets, il faut nécessairement pre[illegible] le *ércathagir* arménien, երկաթագիր[1], qui est le véritable al-phabet mesropien, et non le *bolorgir*, բոլորգիր[2], qui s'est formé postérieurement de l'*ércathagir*. Alors, cela se comprend, on ne trouve rien qui se ressemble entre l'*ércathagir* arménien et les lettres zendes. N'oublions pas que ces mêmes lettres *ércathagir* devaient constituer l'ancien alphabet. En second lieu, l'alphabet zend diffère considérablement, par le nombre de lettres, de l'alphabet arménien. Troisièmement, l'alphabet zend abondait en voyelles, tandis que l'alphabet arménien n'en possédait pas une seule. Si l'on réunit toutes ces circonstances, il est difficile d'admettre une influence de l'alphabet zend sur l'alphabet arménien.

Relativement à la part de l'alphabet grec dans la formation de l'alphabet arménien, on doit faire les mêmes observations à peu près que pour l'alphabet zend. Si les écrivains arméniens parlent du Grec Rufin et de sa collaboration avec saint Mesrop lors de la formation de l'alphabet, il ne faut pas oublier qu'il fut nécessaire à ce dernier comme calligraphe connu : Moyse de Khorni le caractérise simplement en le désignant par le nom de calligraphe « doué de l'art merveilleux de l'écriture[3]. » On conçoit que Mesrop recherchât un homme aussi habile qui, sous sa direction immédiate, donnât une fois pour toujours une forme à ses lettres. Il voulait de cette manière consacrer la forme des lettres de son alphabet, et voilà pourquoi il recourut à Rufin. Quelle autre part pouvait prendre à la composition de l'alphabet arménien un Grec

[1] Les caractères *ércathagir* de l'alphabet mesropien avaient et ont actuellement encore la forme suivante : Ա, Բ, Գ, etc. Trouvera qui pourra de la ressemblance entre ces lettres et les lettres zendes et pehlvies ; quant à nous, nous ne nous chargeons pas de cet inutile travail.

[2] Les lettres *bolorgir* de l'alphabet mesropien, qui se sont formées longtemps après les Ve et VIe siècles, présentent la figure suivante : ա, բ, գ, etc.

[3] *Histoire d'arménie*, l. III, c. LIII.

qui, vraisemblablement, ne savait pas un mot d'arménien.

Voilà tout ce qu'il nous a été possible de dire, dans cette rapide esquisse, au sujet de l'histoire de l'alphabet arménien.

Nous avons promis de donner à la fin de ce Mémoire les figures des signes arméniens conventionnels, hiéroglyphiques : nos lecteurs les trouveront dans le tableau ci-joint. Nous avons découvert ce recueil dans la bibliothèque de l'Institut Lazareff, section des manuscrits, sous le numéro 72. Ce manuscrit est écrit sur beau parchemin, format in-12, en caractères appelés *bolorgir*. Le commencement manque ; il contient dix pièces traitant de matières différentes, au nombre desquelles figure la collection de signes en question. Il résulte du mémorial qui le termine qu'il a été copié en l'année 1069 de l'ère arménienne (1621 de l'ère chrétienne), sous le patriarcat de Melchisédech, à Constantinople, par le scribe Jacques.

Si maintenant nous passons aux signes mêmes, nous remarquerons que dans le manuscrit ils sont rangés suivant l'ordre alphabétique dans lequel vient d'abord le mot et, à la suite, le signe qui sert à l'exprimer. Ces signes sont de deux sortes, dont les uns ne sont autre chose qu'une contraction des lettres qui entrent dans la composition des mots eux-mêmes, tandis que les autres sont des caractères hiéroglyphiques exprimant par eux-mêmes des idées distinctes. Dans la représentation des signes de la première espèce, il n'apparaît pas de système rigoureux : parfois il s'y montre très-visiblement les lettres du commencement et de la fin du mot ; parfois simplement une lettre quelconque de celles qui entrent dans la composition du mot ; en troisième lieu, quelques lettres sont représentées, d'une façon très-serrée et confuse, avec les mêmes formes que l'on rencontre dans les mots qu'elles servent à représenter ; enfin, parmi les signes de cette espèce, il s'en trouve aussi qui consistent simplement en une lettre. — Ces signes, sans aucun doute, ne sont pas autre chose que les σιγλαι, sigles, employées par les anciens copistes tant orientaux qu'occidentaux. Ces σιγλαι ou abréviations étaient usitées aussi chez les Grecs et les Romains et, pour la majeure partie, ne sont pas autre chose que les lettres initiales, comme par exemple, S. P. Q. R. pour *Senatus populusque romanus*. En occident, les abréviations servaient quelquefois à exprimer des mots, mais le plus souvent, à exprimer des noms propres. Les règles de leur emploi, dans ce dernier cas, étaient les suivantes : parfois, dans ces abréviations, une seule et même lettre se répétait, et alors elle exprimait le nombre pluriel ; quand elle se rapportait à un nom propre, elle représentait deux ou plusieurs personnes ; parfois cette lettre se répétait trois ou quatre fois, et alors elle exprimait trois ou quatre personnes ; ainsi, par exemple, AVGGG signifiait *Augusti tres*.

Nous avons observé plus haut que dans le recueil de signes arméniens examinés par nous, outre les abréviations, on rencontre encore d'autres signes qui ont le caractère hiéroglyphique et servent à exprimer des idées distinctes, complètes. Parmi les signes de cette dernière espèce, il s'en trouve d'une origine postérieure lesquels représentent des idées du monde chrétien et ont été formés vraisemblablement sur le modèle des anciens signes des temps du paganisme. Quoique ces derniers, pris séparément, ne puissent avoir à nos yeux une grande valeur, cependant, ils sont importants en ce qu'ils démontrent l'influence des systèmes d'écriture hiéroglyphique sur les principes desquels ils ont été formés. De 305 signes soumis par nous à l'examen, après une sévère analyse, il y en a très-peu, comme nous le verrons plus bas, que l'on puisse rapporter à l'époque de l'Arménie païenne. Malgré cela, quelques-uns de ces fragments nous font croire qu'il exista réellement autrefois en Arménie un système d'écriture hiéroglyphique qui fut porté à un très haut degré de développement et répandu en même temps partout.

Ainsi que nous l'avons dit, quelques-uns des signes hiéroglyphiques appartiennent aux âges de l'Arménie païenne ; les autres à des temps postérieurs, c'est-à-dire, à l'époque du christianisme. Remarquons aussi que, parmi ces signes, plusieurs peignent par leur figure ou la forme ou une qualité intrinsèque quelconque de l'objet; tandis que d'autres n'ont rien de commun dans leur forme avec l'objet exprimé. Nous reproduisons dans cet ordre les signes examinés par nous avec les significations données par notre manuscrit, en les accompagnant des explications nécessaires pour en rendre l'intelligence plus facile.

A. *Signes représentant par leur figure ou la forme ou une qualité intrinsèque quelconque de l'objet.*

1. Ce signe dans notre manuscrit est expliqué par le mot *աղբիւր, source.* — Le cercle par lequel il commence représente en effet l'ouverture d'où sort l'eau ; et l'appendice en forme de trait qui prolonge le cercle signifie vraisemblablement l'écoulement de l'eau.

2. Ce signe veut dire *անդաստան, champ.* — Peut-être existait-il quelque rapport entre ce signe et les instruments agricoles usités anciennement en Arménie.

3. Ce signe signifie *բերան, bouche.* — L'idée est exactement et clairement exprimée par ce signe : les deux traits dont les extrémités sont reliées à gauche par un autre plus petit, représentent effectivement deux lèvres ouvertes. Au-dessus du trait supérieur, le petit signe, en forme d'apostrophe, représente, comme il est aisé de voir, la petite cavité qui se trouve au milieu de la lèvre supérieure, droit au-dessous du nez.

4. Ce signe signifie *աստղ étoile.* — Il n'y a qu'à examiner ce signe pour se convaincre de l'expression figurative de l'objet : les petits traits en croix et les quatre points représentent en effet exactement le rayonnement de la lumière sidérale.

5. Ce signe est expliqué par le mot *դրունք, portes,* au pluriel. Ce signe ne représente-t-il point les deux battants qui composent la porte ?

6. Ce signe [illegible]
mais au singulier, [illegible]

7. Ce signe signifie [illegible] fficile de trouver la conformité [illegible] Dans un autre manuscrit cette [illegible] clairement par le signe [illegible].

8. Ce signe représente [illegible], [illegible]. — [illegible] évidemment trouver dans ce signe une note [illegible] vraisemblablement possède ici une relation directe [illegible] musicien. — Cette idée est figurée d'une façon encore [illegible] claire par le signe suivant qu'on trouve dans un autre manuscrit : [illegible].

9. Ce signe représente *լեառն*, *montagne*. — Dans un autre manuscrit, l'idée montagne est figurée par le signe [illegible].

10. Ce signe signifie *լուսին*, *lune*. — C'est un signe astronomique qui s'emploie très-souvent dans les manuscrits arméniens.

11. Signifie *լեզու*, *langue*. — Il est facile de reconnaître dans ce signe la forme de la langue en général.

12. Signifie *ծաղիկ*, *fleur*. — On remarquera dans ce signe une portion de la lettre *ծ*. Comme on le voit du premier coup d'œil, ce signe, par ses trois traits en bas, figure l'idée fleur. La lettre posée au milieu de ce signe n'est pas autre chose que la lettre initiale du mot qui en arménien signifie fleur, et y a été vraisemblablement insérée à une époque postérieure.

13. Signifie *ղեկ*, *gouvernail*. — Dans un autre manuscrit ce signe est représenté sous la forme suivante : [illegible]. Comme on le voit, c'est un seul et même signe, sauf une légère nuance, exprimant assez exactement, si l'on veut, l'idée qu'il figure.

14. Signifie *ճանապարհ*, *voyage*, *chemin*. — Dans un autre manuscrit, cette idée est figurée par le signe : [illegible].

15. Signifie *մարգարէ*, *prophète*. — Dans un autre manuscrit, nous trouvons ce signe avec la légère nuance que voici : Φ.

B. *Signes dont la forme n'a rien de commun avec l'objet figuré.*

1. Ce signe est expliqué par le mot *ամբարիշտ*, *impie.* — Il est difficile de dire quelle liaison existe entre ce signe et l'idée qu'il représente.

2. Signifie *աղքատ*, *pauvre.*

3. Signifie *աղանդ*, *secte.*

4. Figure *անձն*, *homme, personne.*

5. Signifie *անասուն*, *animal sans voix.*

6. Signifie *անզգամ*, *irréligieux.*

7. Ce signe représente le monde. — Les personnes qui connaissent la langue arménienne ne sont pas vraisemblablement sans avoir rencontré assez fréquemment ce signe dans les livres imprimés, et plus souvent encore dans les manuscrits. Il a été employé jusqu'à ce jour par les Arméniens sans qu'ils s'en soient rendu compte, et sans qu'ils aient soupçonné qu'en l'introduisant dans leurs livres, ils se sont exprimés par un signe hiéroglyphique. Ordinairement, quand on se sert de ce signe aujourd'hui, on place au commencement une préposition et à la fin la lettre caractéristique du cas. On ne doit pas oublier de remarquer que dans notre manuscrit ce signe présente la forme du chiffre 8 couché ∞ ; cependant, en général, dans les manuscrits comme dans les livres arméniens imprimés, il est représenté par la figure ∽ surmontée le plus souvent du signe d'abréviation.

8. Signifie *աւգնական*, *aide.*

9. Signifie *առաջնորդ*, *chef.*

10. Signifie *առիւծ*, *lion.*

11. Signifie *առագաստ*, *rideau, voile.*

12. Signifie *արեգակն*, *soleil.*

13. Signifie *արուեստ*, *art.*

14. Signifie *աստիճան*, *degré, classe.*

15. Ce double signe signifie *ասպարէզ*, *lice* et *carrière.*

On doit supposer que ce sont deux signes distincts représentant une seule et même idée.

16. Ce signe signifie ազգ, *peuple.*

17. Signifie ազինք, *nations.*

Remarque. Tous ces signes sont expliqués par des mots commençant par la première lettre de l'alphabet arménien, c'est-à-dire par Ա. Passons aux signes qui se trouvent parmi les mots commençant par la lettre Բ.

18. Ce signe est expliqué dans notre manuscrit par le mot բազում, *beaucoup.* Comme on le voit, ce signe n'est pas simple, mais composé, et paraît être formé de deux signes de figures distinctes exprimant une seule et même idée.

Remarque. Parmi les mots de notre manuscrit commençant par Գ, il ne s'en rencontre pas un qui soit représenté par un signe hiéroglyphique. Parmi les mots commençant par la lettre Դ, nous trouvons les signes suivant/:

19. Signifiant դատաստան, *tribunal.*

20. Signifiant դրախտ, *jardin* et non *paradis.*

Nous trouvons les signes suivants parmi les mots de notre manuscrit commençant par Ե.

21. Signifiant եղբայր, *frère.*

22. Signifie երկինք, *cieux.* — Ce signe se rencontre très-souvent dans les manuscrits arméniens, mais avec des nuances considérables. Ordinairement il est figuré par ⸮.

23. Signifiant երկիր, *terre.*

Dans les mots commençant par Զ nous rencontrons le signe suivant :

24. Signifiant զօրութեամբ, *avec force.*

Remarque. Dans les mots de notre manuscrit commençant par les lettres Է, Ը, nous ne trouvons pas de signe hiéroglyphique. Dans ceux commençant par la lettre Թ, nous ne rencontrons que le suivant :

25. Signifiant թռչուն, *oiseau.*

Les mots commençant par la lettre Ժ ne renferment pas de hiéroglyphes. Nous rencontrons les signes suivants dans les mots commençant par la lettre Ի.

26. Signifiant իշխան, *maître, prince.*

27. Signifiant *իսկզբանէ*, *dès le commencement, au commencement.*

28. Signifiant *իմաստուն*, *sage.*

Dans les mots commençant par Խ nous trouvons les signes suivants :

29. Signifiant *խորհուրդ*, *mystère, pensée.*

30. Signifiant *խորան*, *tente.*

La lettre Ծ est représentée par le signe suivant :

31. Signifiant *ծառայ*, *serviteur.*

La lettre Կ n'offre pas de signe ; mais dans la lettre Հ nous rencontrons les suivants :

32. Signifiant *հանդերձ*, préposition, *avec*, ou, substantivement, *vêtement*, car le mot *handertz* possède cette double signification.

33. Signifiant *հաստատ*, *solide, ferme.*

34. Signifiant *հրեշտակ*, *ange.*

Dans la lettre Ձ nous ne rencontrons aucun signe ; la lettre Ղ offre le signe suivant :

35. Signifiant *ղամբար*, *flambeau.*

La lettre Ճ présente le signe suivant :

36. Signifiant *ճշմարիտ*, *vrai.*

La lettre Մ présente les signes suivants :

37. Signifiant *մարդ*, *homme.*

38. Signifiant *մարմին*, *corps, chair.*

39. Signifiant *միջնորդ*, *intermédiaire.*

La lettre Յ offre les signes suivants :

40. Signifiant *յօժար*, *bien disposé.*

41. Signifiant *յափշտակէ*, *il ravit.* — Il est à remarquer que le verbe est à la troisième personne et au singulier.

42. Signifiant *յառաջագոյն*, *auparavant.*

La lettre Ն offre le signe suivant :

43. Signifiant *նախանձ*, *envie, zèle.* — Dans un autre manuscrit, cette idée est exprimée par le signe [illegible].

La lettre Շ n'offre aucune sorte de signes. La lettre Ո présente le signe suivant :

44. Signifiant *որոգայթ*, *piége, filet.*

La lettre Չ ne présente aucune espèce de signes, tandis que Պ offre les suivants :

45. Signifiant պատարագ, *sacrifice.*

46. Signifiant պատմուճան, *vêtement.*

47. Signifiant պայծառ, *clair, brillant.*

48. Signifiant պարգև, *don, cadeau.*

49. Signifiant պանդուխտ, *étranger.*

Les lettres Ջ et Ռ n'offrent aucun signe ; la lettre Ս présente les suivants.

50. Signifie սանդուխք, *escalier.* — Il faut remarquer que ce signe renferme la lettre ս qui est la première du mot *sandoukhk ;* il n'est pas douteux qu'elle n'y ait été introduite postérieurement.

51. Signifie սատանայ, *mauvais esprit, diable.*

52. Signifie սեղան, *table, autel.* — Dans un autre manuscrit, cette idée est figurée aussi par Ⴢ.

La lettre Վ n'offre que le signe suivant :

53. Signifiant վիճակ, *sort.*

La lettre Տ offre deux signes :

54. Signifie տաճար, *grand édifice, palais.*

55. Signifie տրտունջ, *murmure.*

La lettre Ց offre également deux signes :

56. Signifie ցանկ, *toujours, éternellement.*

57. Signifie ցնծա, *réjouis-toi.* Ici le verbe est à l'impératif et au nombre singulier.

La lettre Փ présente deux signes ;

58. Signifie փոխանակ, *au lieu de.*

59. Signifie փոխ, *changement.*

La lettre Ք offre le signe suivant ;

60. Signifiant քաղաք, *ville.* — Dans un autre manuscrit, cette idée est figurée par le signe ◡.

C. *Signes représentant des idées chrétiennes.*

1. Signifie աւետարան, *évangile.*

2. Signifie Եփրեմ, *Ephrem.*

3. Signifie եկեղեցի, *église.*

4. Signifie Հեթանոս, *païen.*
5. Signifie Պաւղոս, *Paul.*
6. Signifie Ստեփաննոս, *Étienne.*
7. Signifie սարկաւագ, *diacre.*
8. Signifie Սաւուղ, *Saül.*
9. Signifie Փարաւոն, *Pharaon.*

A. SIGNES représentant par leur figure ou la forme ou une qualité intrinsèque quelconque de l'objet.	B. SIGNES DONT LA FORME n'a rien de commun avec l'objet figuré.				C. SIGNES représentant des idées chrétiennes.
1	1	16	31	46	1
2	2	17	32	47	2
3	3	18	33	48	3
4	4	19	34	49	4
5	5	20	35	50	5
6	6	21	36	51	6
7	7	22	37	52	7
8	8	23	38	53	8
9	9	24	39	54	9
10	10	25	40	55	
11	11	26	41	56	
12	12	27	42	57	
13	13	28	43	58	
14	14	29	44	59	
15	15	30	45	60	

PARIS. IMP. VICTOR GOUPY, RUE GARANCIÈRE, 5.

www.ingramcontent.com/pod-product-compliance
Ingram Content Group UK Ltd.
Pitfield, Milton Keynes, MK11 3LW, UK
UKHW012122240726
13965UKWH00005B/1909

9 782013 045995